Les Chats
d'
Evelyne
Nicod
22 ARCANES MAJEURS
© evicod 1985
LES TAROTS

Evelyne Nicod

LES TAROTS DES CHATS
22 Arcani Maggiori

MILANO

GATTERIA

MMXX

LES TAROTS DES CHATS
22 Arcani Maggiori
DI
EVELYNE NICOD

a cura di
RODOLFO PARDI

Editore: Gatteria ® www.gatteria.it

Edizione cartacea 1
Data pubblicazione: 29 marzo 2020

ISBN 9788887709636

INDICE

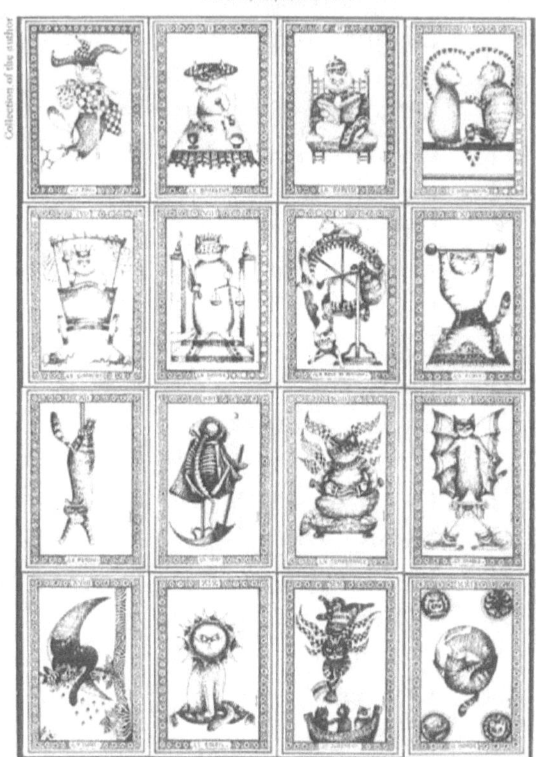

Tarot of the Cats (I Gatti Originali)   Evelyne Nicod, Il Meneghello, 1985

PREFAZIONE ALLA PRIMA EDIZIONE

Evelyne Nicod è conosciuta per le sue creazioni artistiche legate al mondo felino, dipinti, acqueforti e illustrazioni di prodotti commerciali, come biglietti, segnalibri, carte da gioco, scacchi, e molto altro.

I Tarocchi sono stati utilizzati per secoli sia come carte di divinazione, sia come carte da gioco (ancora adesso in Francia, dove si tengono anche delle competizioni). Il mazzo completo consiste di 78 carte, formato dalle 52 carte originali, 4 carte di cavalli, e 22 carte figurate, dette Arcani Maggiori.

Questo libro raccoglie i 22 Arcani Maggiori, pubblicati originariamente nel 1985 come mazzo cartaceo, per le edizioni Il Meneghello, firma nel disegno "enicod". Citato nell'Enciclopedia di Kaplan, vol III, col titolo Tarot of the cats, con 16 illustrazioni.

I disegni originali sono in china, dimensioni: 80 x 120 mm.

I nomi delle carte sono in francese, come nei disegni originali, in ragione della nazionalità originaria dell'autrice. Ogni carta riporta poi in Italiano, oltre al significato divinatorio, un breve commento.

Questa edizione dopo la terza in formato ebook, ancora disponibile, vuole rispondere alle esigenze dei collezionisti, alla ricerca delle introvabili due edizioni cartacee, la seconda del 1991 per le edizioni Gatteria ®

Buona lettura

Milano, marzo 2020

I - Il Bagatto (Le Bateleur)

I - Il Bagatto (Le Bateleur)

Rappresentazione

Il Bagatto, è la chiave di tutti gli arcani

Il Bagatto guarda piuttosto impaziente dal suo tavolo (che contiene gli strumenti del mestiere: una coppa, delle monete, una lama) apparentemente disturbato dall'essere interrotto dalla sua attività. Il tradizionale cappello di mago, che divenne successivamente una lemniscata nei mazzi da divinazione, funziona come entrambi in queste carte, posizionato strategicamente per dare spazio alle orecchie feline sul chi vive. Un bastone nella mano sinistra, come una bacchetta magica.

Simbologia

Il Bagatto o prestigiatore, rappresenta l'inganno oltre che l'abilità. Lo sguardo svia l'attenzione degli astanti. I quattro elementi rappresentati dagli attrezzi sono terra, acqua, aria e fuoco. La lemniscata, simbolo dell'otto rovesciato, rappresenta l'infinito. Si può tracciare senza mai staccare la penna dal foglio, e non ha né un principio né una fine. È il simbolo del ritmo eterno o dell'eternità del ritmo. Il bagatto rappresenta quindi lo stato di concentrazione senza sforzo.

Divinazione

Il significato ha due aspetti, tra abilità e inganno in funzione del contesto; ci mette sul sentiero che conduce alla genialità, e ci mette in guardia contro il pericolo del sentiero che conduce alla ciarlataneria. Se rovesciata: il contrario di tutti i significati generali, superficialità, ignoranza, ipocrisia.

II - La Papessa (La Papesse)

II - La Papessa (La Papesse)

Rappresentazione

La Papessa è un'adorabile gattina bianca, incoronata, abbigliata con un Collare Elisabettiano corrugato. Elegantemente accomodata nella sedia-trono, ci guarda dal suo libro di conoscenze segrete. Vi dirà qualcosa? Ricordate la razza, qui. Forse sì, forse no.

Simbologia

Una donna dal volto ieratico tiene sulle ginocchia il libro aperto del sapere. In testa porta la tiara. È l'arcano del binario che viene dalla coscienza, della trasformazione dell'immagine della memoria in parola, della parola in caratteri scritti, o libro. La tiara è a tre livelli, suggerendo che la cristallizzazione dell'atto puro scende attraverso i tre piani superiori e invisibili, prima di arrivare alla quarta tappa, il libro. Si tratta della Gnosi.

Divinazione

È il principio generale della vita, l'antica madre che infonde sapienza. Colei che con assoluta serenità detiene il sapere. Saggezza, serenità, potere di attrazione. Se rovesciata: ignoranza, superficialità, ipocrisia.

III - L'Imperatrice

III - L'Imperatrice

Rappresentazione

Gattina incoronata, sul trono, con i simboli del suo stato. La corona, lo scettro e lo scudo sono i tre strumenti dell'esercizio del potere.

Simbologia

È l'arcano della Magia sacra, strumento della potenza divina. La testa incoronata, è il potere del divino sulla coscienza. Il braccio a destra di chi guarda, che tiene lo scettro, terminato dal globo d'oro sormontato dalla croce, rappresenta il potere della coscienza sulla forza. E il braccio a sinistra che tiene lo scudo sormontato da un'aquila, significa il potere dell'energia sulla massa, o del volatile sul pesante. La corona è l'autorizzazione divina alla magia, solo la magia incoronata dall'alto non è usurpatrice. La corona la rende legittima. È la fecondità universale. La natura che opera.

Divinazione

Il terzo arcano, essendo quello della magia sacra, è per questo stesso fatto quello della generazione. Rappresenta benessere, creatività, abbondanza, insieme. Un senso pratico notevole, e ambizione. Dà vita a tutte le cose. Se rovesciata: problemi e influenza negativa, blocchi creativi, sperpero, vanità.

IIII - L'Imperatore (L'Empereur)

IIII - L'Imperatore (L'Empereur)

Rappresentazione

Un sovrano di mezz'età seduto sul trono. Non ha spada o un'arma qualsiasi, ma regna per lo scettro, e per lo scettro solo. La ragione per la quale evoca l'autorità.

Simbologia

L'imperatore ha rinunciato alla violenza, non ha armi. Non è né in piedi né seduto, ma semplicemente appoggiato, e non posa che un piede a terra. Lo scudo portante l'aquila resta appoggiato a lato. Porta una corona, segno di legittimità. Il potere terreno, la volontà.

Divinazione

Potenza, competenza, dominio, abilità. La sicurezza, il carattere, l'autorità, la ricchezza. Colui che è consapevole della sua forza.

Se rovesciata: debolezza, illogicità, caos, immaturità.

V - Il Papa (Le Pape)

V - Il Papa (Le Pape)

Rappresentazione

Il Papa siede, affiancato da un copricapo Vaticano, a tre corone, e con in mano la croce a tre barre, simbolo del suo ufficio. Il suo viso gioviale ed espressivo, e il suo fisico dolce e panciuto, parlano di indulgenza nelle sottili cose del mondo, e smentiscono il suo supposto esclusivo dedicarsi alla spiritualità.

Simbologia

Le due colonne ai lati, simbolizzano la preghiera e la benedizione. Ricordano le colonne della Cabala, lato destro e sinistro, la misericordia e il rigore, le due colonne del tempio di Salomone.

La croce ha tre traverse che dividono la verticale in tre parti, la croce del triplo amore del prossimo e del triplo amore di Dio. È lo "scettro" dell'autorità del Papa.

La Legge sacra, l'ispirazione divina, la manifestazione del Sacro.

Divinazione

Ortodossia, vita tradizionale, conformismo, lealtà, franchezza.
Se rovesciata: ribellione, indipendenza, spirito libero, intolleranza.

VI - Gli Amanti (L'Amoureux)

VI - Gli Amanti (L'Amoureux)

Rappresentazione

I romantici apprezzeranno l'Innamorato, con i cuoricini che si aggregano a formare un cuore grande. In primo piano siedono i nostri innamorati, con le zampe e le code intrecciate, mentre si osservano con sentimento. Un'immagine semplice ed affascinante.

Simbologia

Non sentiamo nel contemplare questo sesto arcano una voce che dice "Ti ho trovato" e l'altra che dice "Chi mi cerca mi trova"? Essere è amare.

L'unione tra due esseri, ma anche l'antagonismo. La concretezza. Il contrasto fra vizio e virtù.

Divinazione

Ottimismo e buoni sentimenti, i desideri, le tentazioni.
Sanno che l'amore è la forza dell'universo.
Se rovesciata: si manifestano i dubbi e le debolezze nascoste nei propri cuori.

VII - Il Carro (Le Chariot)

VII - Il Carro (Le Chariot)

Rappresentazione

Due topi, che tirano in direzioni opposte, lottano per soddisfare i desideri dell'occupante del carro.

Simbologia

L'Arcano, ha un doppio aspetto, come i precedenti, rappresenta chi, avendo resistito alle tentazioni, è soggetto al pericolo della tentazione del vittorioso per la sua propria vittoria, di agire in proprio nome. È il dominare la tentazione. La ricompensa è l'azione messa in moto in alto per la rinuncia ai desideri delle cose in basso.

Il trionfo dello spirito sulla natura. Il moto che vince ogni attrito. Tradizionalmente, vittoria, trionfo, riuscita. Comunque una difficoltà: è un avvertimento, o rappresenta un ideale? Aspetto comune a tutti gli arcani.

Divinazione

Rappresenta fedeltà e equilibrio. Implicite la prudenza e la perizia per chi deve condurre un mezzo tra possibili ostacoli. Se rovesciata: chi evidenzia una falsa maestria è destinato al fallimento.

VIII - La Giustizia (La Justice)

VIII - La Giustizia (La Justice)

Rappresentazione

Una gatta severa, ma imparziale, amministra la giustizia.
Stringe nella destra la spada e nella sinistra la bilancia.

Simbologia

L'insieme evoca l'idea della Legge che si interpone tra l'azione libera della volontà individuale, e l'essenza stessa dell'Essere. L'uomo può agire seguendo il suo libero arbitrio, la Legge reagisce con effetti visibili e invisibili alla sua sua azione. È posta tra due colonne, quella della Volontà e quella della Provvidenza. Non agisce, non fa che reagire. È la bilancia che indica l'equilibrio - ordine, salute, armonia, giustizia - ed è la spada che indica il potere di ristabilirlo, ogni volta che la volontà individuale pecca contro la volontà universale.

È la legge suprema, incorruttibile.

Divinazione

Armonia e equità, onore e virtù sono gli aspetti più evidenti. Una protezione per il giusto.
Se rovesciata: l'ingiustizia trionfa, malattie.

IX - L'Eremita (L'Ermite)

IX - L'Eremita (L'Ermite)

Rappresentazione

Un saggio si isola su una roccia.

Simbologia

Una figura venerabile e misteriosa, che è passata per la porta stretta, e che cammina sul sentiero ristretto, un Padre saggio e buono, un Padre spirituale. Ha il dono di far sorgere la luce dalle tenebre, la facoltà di isolarsi dalla corrente degli umori, pregiudizi, e desideri collettivi della razza, della nazione, della famiglia, la facoltà di ridurre al silenzio la cacofonia del collettivismo vociferante attorno a lui, allo scopo di ascoltare e intendere l'armonia gerarchica delle sfere. Il grande maestro che aiuta coloro che si sono persi.

Divinazione

Scienza, ascesi, cautela e prudenza. Chi è impegnato nell'eterna ricerca della verità deve vivere isolato dal mondo. Se rovesciata: imprudenza, ipocrisia, egoismo.

X - Ruota della Fortuna (La Roue de Fortune)

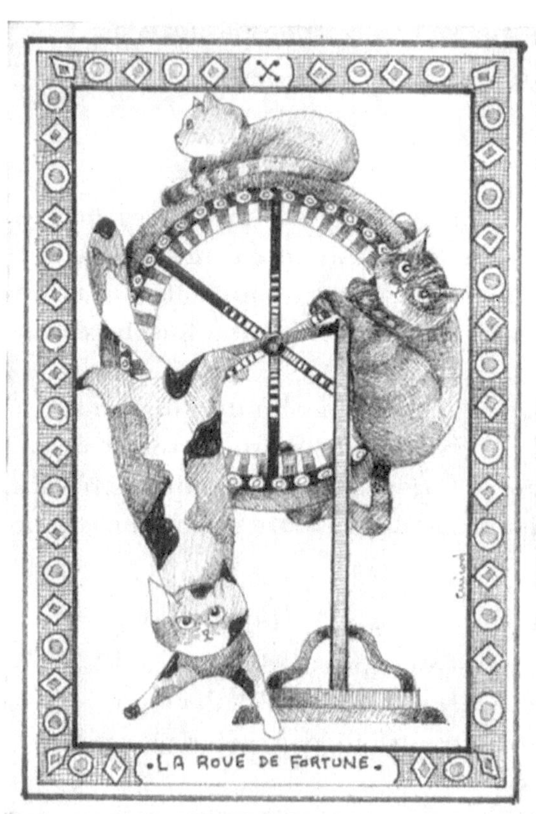

X - Ruota della Fortuna (La Roue de Fortune)

Rappresentazione

Una grande ruota, ferma in equilibrio. Due gatti vi si aggrappano, uno salendo, l'altro scendendo. In sommità, un altro gatto, nel ruolo della sfinge, sembra aver interrotto il corso.

Simbologia

Dei due ordini di idee concernenti la genesi dei quattro regni della natura, uno è basato sull'idea della caduta, della discesa dall'alto al basso, l'altro comporta l'idea di evoluzione, del progresso trasformatore dal basso all'alto. Non è il gatto che scende, ma il movimento della ruota che lo trascina. La testa è sollevata, perché non scende di buon grado. L'arcano, secondo la tradizione ermetica e biblica, mette in rilievo il cerchio intero, comprendente la discesa e la salita, l'involuzione come caduta e l'evoluzione come salvezza.

È la vita nel suo giusto equilibrio. L'essere e il non essere.

Divinazione

Felicità e progresso. È necessaria prudenza. Indica equilibrio precario.
Se rovesciata: la ruota può sempre girare in senso contrario. Sfortuna, fallimenti.

XI - La Forza (La force)

XI - La Forza (La force)

Rappresentazione

La Forza è ritratta come un sollevatore di pesi felino, che si protegge con una cintura adatta, contro possibili ferite alla schiena.

Simbologia

È l'Arcano dell'integralità naturale dell'essere, del potere senza sforzo. Forza di un ordine e di un piano superiori. Ci invita a abbandonare il piano della quantità per quello della qualità, della superiorità. La forza evocata è quella della natura. I due principi che bisogna comprendere e distinguere, sono l'opposizione, dalla quale proviene la frizione che genera l'energia, e la concordanza, dalla quale proviene la fusione che genera la forza.

È la forza della mente, che domina la materia.

Divinazione

Eroismo, sfida, coraggio. Autocontrollo.
Se rovesciata: Arroganza, malattia, impotenza.

XII - L'Appeso (Le Pendu)

XII - L'Appeso (Le Pendu)

Rappresentazione

Un gatto appeso per le zampe, con gli occhi spalancati.

Simbologia

La posizione evoca naturalmente di primo acchito le idee della gravità e della tortura che il conflitto con lei può infliggere all'uomo. Il problema del rapporto tra l'uomo e la gravità, e i conflitti generati. Essere appeso è essere rovesciati e vivere sotto il segno della gravità celeste invece di quello della gravità terrestre.

Simbolo del sacrificio e del rinnovamento.

Divinazione

Carta del cambiamento. Solo chi è in grado di superare le prove più dure può aspirare a trasmutare se stesso.
Se rovesciata: l'egocentrismo genera illusioni e spinge a inutili sacrifici.

XIII - La Morte (La Mort)

XIII - La Morte (La Mort)

Rappresentazione

La Morte è una carta che colpisce. Non uno scheletro umano, ma quello di un gatto, una figura intabarrata (con la sua sconcertante lunga coda ossuta dondolante), che afferra la sua falce.

Simbologia

L'oblio, il sonno e la morte sono tre manifestazioni d'intensità differente di un solo principio che fa sparire i fenomeni intellettuali, psichici e fisici. Lo scheletro è il simbolo della morte, perché riduce il fenomeno dell'uomo cosciente, mobile, vivo e materiale, in ciò che in lui è minerale, lo scheletro. La falce rappresenta l'opera di sottrazione, simbolizza la deincarnazione che taglia il legame tra l'Io e il corpo astrale (oblio), tra il corpo astrale e il corpo eterico (sonno) e tra il corpo eterico e il corpo fisico (morte).

Simbolo della trasformazione, della rinascita, della liberazione. Simbolizza la fine di un ciclo.

Divinazione

Ha un significato duplice: indica la fine di una determinata situazione e presuppone una rinascita. Carta del rinnovamento.

Se rovesciata: malattia, delusione.

XIIII - La Temperanza (La Temperance)

34

XIIII - La Temperanza (La Temperance)

Rappresentazione

Un gatto, angelo con le ali, travasa da un'anfora a un'altra l'acqua di Vita.

Simbologia

L'immagine produce uno choc intellettuale, un qualcosa che bisogna comprendere al di sopra del piano abituale dell'esperienza e del pensiero. Non suggerisce il problema della polarità cooperante della dualità integrata? La tradizione ha dato il nome Temperanza, perché si tratta della misura nel rapporto fluidico tra l'immagine e la rassomiglianza, misura necessaria per la vita e la salute.

È il simbolo dell'equilibrio vitale raggiunto con l'autocontrollo e l'autodisciplina.

Divinazione

Moderazione, riflessione, serenità, autocontrollo.
Se rovesciata: frustrazioni, disarmonie, disordini.

XV - Il Diavolo (Le Diable)

XV - Il Diavolo (Le Diable)

Rappresentazione

Un demone dalle ali di pipistrello, sembra ammonire chiunque. Entità alata che regge una torcia, sopra due figure demoniache ai suoi piedi, attaccate a un piedistallo, sul quale si tiene in piedi.

Simbologia

È l'Arcano della contro-ispirazione. Questo quindicesimo arcano, in quanto esercizio spirituale, non deve arrivare a un'esperienza del meditante col soggetto della meditazione. Non bisogna arrivare all'intuizione del male, perché l'intuizione è identificazione, e l'identificazione è comunione. Ci vorrà uno sforzo di comprendere questo arcano a distanza per mezzo del metodo fenomenologico. Non evoca la metafisica cosmica del male, ma piuttosto un'idea di schiavitù, nella quale si trovano i due personaggi attaccati al piedistallo di un demone mostruoso. Non suggerisce la metafisica del Male, ma una lezione eminentemente pratica: come può succedere che degli esseri possano privarsi della libertà per divenire schiavi di un'entità mostruosa, che li fa degenerare rendendoli simili a lei.

È la degenerazione e la rovina.

Divinazione

Passione sfrenata. Pericolo.
Se rovesciata: liberazione da un pericolo e dalle difficoltà.

XVI - La Torre (La Maison Dieu)

XVI - La Torre (La Maison Dieu)

Rappresentazione

Una torre colpita dal fulmine. Due gatti scappano.

Simbologia

Questo Arcano si rapporta al male umano, cioè quello che non viene dall'esterno, ma ha la sua origine dentro l'anima umana. L'infelice malinteso che situa il male umano innato nella carne e non nell'anima, è dovuto a una interpretazione di tendenza materialista, della storia biblica del Paradiso e della caduta. E in effetti se il Paradiso è considerato un luogo terrestre, è la carne che porta il germe del male. Ma la carne avrebbe più ragioni di vergognarsi dell'anima che la abita, che viceversa.

Ci viene presentata l'alternativa tra due vie, tra costruzione e crescita, sottolinea il pericolo della via di costruzione, presentando al nostro spirito e al nostro cuore la legge della Torre di Babele.

La Torre colpita dal fulmine rivela la natura e il pericolo della specializzazione. Non bisogna costruire, bisogna crescere, ecco il suo insegnamento essenziale. Il pallone che si farà volare più alto tagliando la corda, atterrerà prima o dopo. Le torri saranno fulminate e i palloni abbattuti dal vento.

La caduta, la rovina, un monito alla presunzione umana.

Divinazione

Crollo improvviso di una situazione, carta sfavorevole a qualsiasi impresa.

Se rovesciata: aumentano gli aspetti negativi.

XVII - La Stella (L'Etoile)

XVII - La Stella (L'Etoile)

Rappresentazione

Nella Stella, la tradizionale pozza d'acqua (anatema dei gatti), è stata sostituita da una stupenda fontana. L'acqua scorre liberamente dai becchi delle due statue papere. E in centro e in cima a tutto regna un alto, solitario gatto nero, con la coda alzata elegantemente (la punta si vede giusto sopra la sua testa regale). I suoi occhi completamente bianchi, senza pupille, rappresentano l'introspezione necessaria allo stato meditativo. Sette stelline affiancano la gloriosa stella bianca e nera, che brilla giusto dietro la figura felina, come uno sfaccettato gioiello notturno.

Simbologia

È l'Arcano della crescita. La crescita è continua, come un albero, mentre la costruzione procede per salti, come per un edificio. L'Ispirazione angelica e l'agente della crescita, l'acqua, hanno in comune che scorrono, in modo fluido. Si manifestano dovunque, compreso l'intellettualità umana. La forza luminosa che emana dalla stella, costituita dal matrimonio della contemplazione con l'attività, è la Speranza. Proclama al mondo: Ciò che è stato prepara ciò che sarà, e cosa si è fatto prepara ciò che si farà. Non c'è che del nuovo sotto il sole. Ogni giorno è un avvenimento e una rivelazione unica, che non si ripeteranno mai.

Evoca le idee, i sentimenti, gli impulsi volontari della evoluzione della vita e della coscienza.

Indica il favore del cielo alle imprese che stiamo facendo.

Divinazione

Riuscita negli affari e nella carriera, prosperità, ottimismo. Se rovesciata: sfortuna, pessimismo.

XVIII - La Luna (La Lune)

XVIII - La Luna (La Lune)

Rappresentazione

La Luna continua a riflettere l'umore evocativo messo in moto dalla Stella. Qui vediamo un gattino nero che riposa calmamente sulla cima di un albero, dal quale cadono delicate gocce di rugiada notturna, girato da noi mentre concentra l'attenzione sul grosso quarto di luna.

Simbologia

Suggerisce il problema del movimento retrogrado, contrario a quello della vita. Evoca le idee, i sentimenti, e gli impulsi volontari relativi all'inversione del movimento evolutivo della vita e della coscienza. Ci invita a un esercizio spirituale, a una meditazione su cosa ferma l'evoluzione e tende a invertirla. Il tema dominante è la decrescita.

È la vita quotidiana con tutti i suoi pericoli.

Divinazione

Pericoli, cose poco chiare, segrete.
Se rovesciata: aumentano gli aspetti negativi.

XIX - Il Sole (Le Soleil)

XIX - Il Sole (Le Soleil)

Rappresentazione

Un sole radioso.

Simbologia

È l'Arcano della unione realizzata dell'intelligenza e della saggezza spontanea, l'intuizione. Presuppone la cooperazione tra i due principi. Non si tratta di trovare cose occulte, ma di vedere le cose ordinarie e semplici nel giorno del Sole e con uno sguardo di bambino. È il candore che rende lo spirito capace di una intensità dello sguardo non disturbata dal dubbio e dagli scrupoli, e della visione delle cose come sono realmente, nei giorni sempre nuovi del sole.

È la felicità che deriva dall'amore e dalla tranquillità.

Divinazione

Benessere, salute, e buon umore. La carta più favorevole. Se rovesciata: insoddisfazione, solitudine, tutto diventa buio e oscuro come in un eclissi.

XX - Il Giudizio (Le Jugement)

XX - Il Giudizio (Le Jugement)

Rappresentazione

Il fantastico torna nel Giudizio, dove il trombettiere felino
suona il richiamo a tre gatti che entrano in una piccola Arca
di Noè

Simbologia

Rappresenta la resurrezione dei morti al suono della tromba
dell'Angelo della Resurrezione. Si tratta di un esercizio
spirituale dove va massimizzato l'uso intenso dell'intuizione,
essendo il tema della resurrezione dell'ordine dell'orizzonte
spirituale dell'umanità. Che non è lo stesso per tutti. Per
qualcuno tutto finisce con la morte dell'individuo, per altri
c'è un al di là e un'esistenza immateriale, per altri ancora anche la reincarnazione. Altri ancora vedono la pace suprema
dell'unione con l'Essere eterno, il Nirvana. È allora la resurrezione che costituisce l'orizzonte dello spirito.

Il Mutamento, l'ultima possibilità di uscire dal carcere della materia.

Divinazione

Miglioramento, carta favorevole a chi è puro di spirito.
Se rovesciata: delusioni.

XXI - Il Mondo (Le Monde)

XXI - Il Mondo (Le Monde)

Rappresentazione

Infine il Mondo ritrae un gatto tenace che avvinghia la grande palla rotonda della terra, circondato dai quattro simboli tradizionali, con un cambiamento piccolo, ma essenziale. Qui vediamo angelo, aquila, toro, e leone ... gatto. Nessun essere umano. Dopo tutto, cosa c'è comunque di importante nella nostra specie? Specialmente se comparata al divino gatto?

Simbologia

Quattro animali sacri inquadrano la scena. Ci suggerisce il mondo come un'opera d'arte. Equivalente alla tesi che il mondo non è in fondo né un meccanismo, né un organismo, né una comunità sociale, ma proprio un'opera dell'arte divina. Il suggerimento è che i 22 esercizi spirituali, ciascuno destinato a imparare, a trovare e impiegare una chiave del mistero del mondo, arrivano alla meditazione e comprensione del mondo come opera d'arte. Quanto alla certezza, ci si può arrivare solo con la meditazione profonda

Le quattro figure simbolizzano il movimento immanente dell'istinto primordiale, chiamati dagli antichi "i quattro elementi". Fuoco, aria, acqua, terra, non sono sostanza chimiche né stati della materia, ma costituiscono quattro istinti primordiali immanenti al mondo in movimento; la ragione per la quale sono rappresentati anche nella tradizione iconografica religiosa come Toro, Aquila, Leone, Angelo. Sono rappresentati nel cielo da stelle di prima grandezza situate ai quattro punti cardinali, all'estremità di una croce con centro la stella polare, immobile nella rivoluzione celeste. È il raggiungimento di tutti i progetti, il successo.

Divinazione

Fortuna, sicurezza, perfezione.

Se rovesciata: fallimento, ostacoli, imperfezione.

Il Matto (Le Fou)

Il Matto (Le Fou)

Rappresentazione

Il Matto, è abbigliato con una scacchiera bianca e nera, pattern simbolico di dualità. Galleggia senza peso a mezz'aria, e sembra che presto supererà i confini delle carte. Se ci riesce, non sarà solo, perché il suo domestico, un piccolo topo grassoccio (che sostituisce il tradizionale cane) è appeso in modo provvisorio, attaccandosi a un pantalone abbassato. Cammina da sinistra a destra, tiene il bastone nella mano destra e tiene con la sinistra sulla spalla destra un bastone dal quale pende una modesta bisaccia.

Simbologia

Il Folle ha una tendenza destrorsa, è il Folle del bene, non del male, anche evidente dal fatto che non si difende contro chi lo molesta, che potrebbe facilmente cacciare col bastone. Come immagine, il Folle è medioevale, ma come archetipo come Arcano, qual è la sua origine? Egiziana? possibile. Più antica? perché no?

Le idee, gli archetipi, gli Arcani sono senza età. Solo la loro rappresentazione può essere attribuita a un'epoca determinata. Perché sono più che simboli e esercizi spirituali: sono entità magiche, degli archetipi attivi iniziatori.

Il Matto può essere compreso in due modi diversi, come modello e come avvertimento: perché insegna da un lato la libertà di coscienza trascendente oltre le cose del mondo, dall'altro presenta chiaramente un avvertimento impressionante del pericolo che questa elevazione comporta: insofferenza, irresponsabilità, il ridicolo. In una parola, la follia, la parte irrazionale dell'uomo che può portarlo sia nel bene che nel male.

Divinazione

Imprevedibilità, stravaganza, impulsività, genio o follia.

Se rovesciata: irresponsabilità, immaturità, esibizionismo.

Retro 2a edizione del 1991

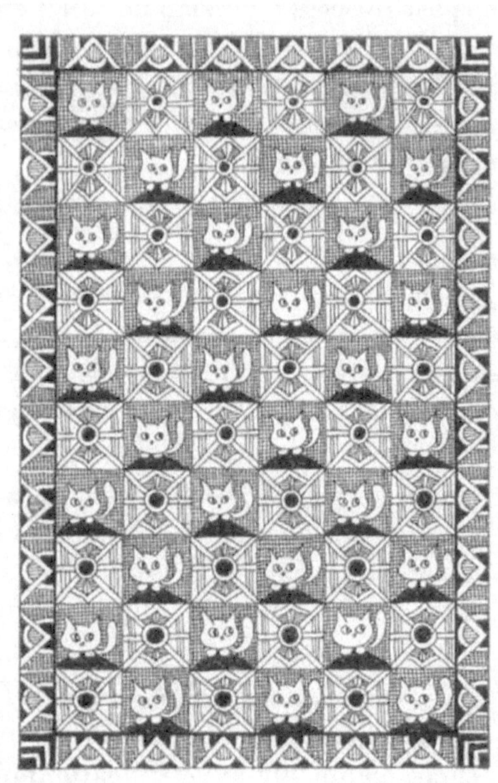

Les Chats d' Joselyne Nicod
22 ARCANES MAJEURS
LES TAROTS
LES TAROTS DU CHAT

CONSIDERAZIONI SUI 22 ARCANI MAGGIORI

Gli Arcani Maggiori dei Tarocchi, non sono né delle allegorie né dei segreti: le allegorie non sono altro che la rappresentazione figurativa di una nozione astratta, mentre i segreti non son che dei fatti, delle pratiche che si tengono per se, ben che possano essere compresi e messi in pratica da altri, ai quali non li vogliamo rivelare.

Quello che rivelano, non sono dei segreti, delle cose nascoste dalla volontà umana, ma degli arcani, ciò che bisogna sapere per essere fecondi in un dato campo della vita spirituale. È ciò che che deve essere attivamente presente nelle nostre coscienze, o anche nel nostro subcosciente, per renderci capaci di effettuare scoperte, generare nuove idee, renderci fecondi nelle nostre ricerche creative, e ciò in qualsiasi campo della vita spirituale.

Gli Arcani Maggiori sono dei simboli autentici, ossia sono delle "operazioni magiche, mentali, psichiche e morali", che risvegliano nozioni, idee, aspirazioni e sentimenti nuovi, il che significa che esigono un'attività più profonda dello studio e della spiegazione intellettuale. Bisogna quindi avvicinarsi a loro in uno stato di raccoglimento profondo, e sempre rinnovato.

Al contrario delle immagini spesso più formali, statiche e stilizzate, i felini di Evelyne Nicod sono vivi, e pieni di movimento, presentati perfettamente e con successo senza bisogno dell'ausilio del colore. I loro occhi sono grandi, luminosi e risplendenti di pensieri ed emozioni, che rimangono imperscrutabili e inaccessibili ai nostri tristemente insufficienti occhi umani. Assumono un ruolo partecipativo attivo alle idee e simboli ritratti nelle immagini, e nel comunicare i significati di ogni carta. Con sensibilità deliziosa, accattivante e delicata. In questo mazzo, i gatti non sono comprimari nel viaggio del Folle, ma i protagonisti dello spettacolo.

LA STORIA DI QUESTO MAZZO

I Tarocchi sono stati utilizzati per secoli sia come carte di divinazione, sia come carte da gioco (ancora adesso in Francia, dove si tengono anche delle competizioni). Il mazzo completo consiste di 78 carte, formato dalle 52 carte originali, 4 carte di cavalli, e 22 carte figurate, dette Arcani maggiori. Abbiamo realizzato nel tempo le seguenti serie e illustrazioni di tarocchi, consistenti nei 22 arcani maggiori:

1985, mazzo in bianco e nero dei 22 Arcani maggiori, dimensioni 74 x 110 mm, **titolo: I gatti originali di Evelyne Nicod**, ed. Il Meneghello, serie numerata di 1.500 esemplari, la prima **carta di giustificazione** della tiratura è **rossa**. Copertina cartonata, e legata con nastro, inizialmente rossa, poi verde e di altri colori. **Il titolo degli arcani è in francese. Nelle carte è presente anche la riproduzione della firma "enicod".** Qui il catalogo:

Essendo i mazzi confezionati a mano, sono esistite numerose rilegature differenti. La seguente immagine mostra 3 differenti rilegature, la carta di edizione rossa, il retro rosso, la presentazione in Italiano di Pina Tosonotti su carta giallina, qualche carta.

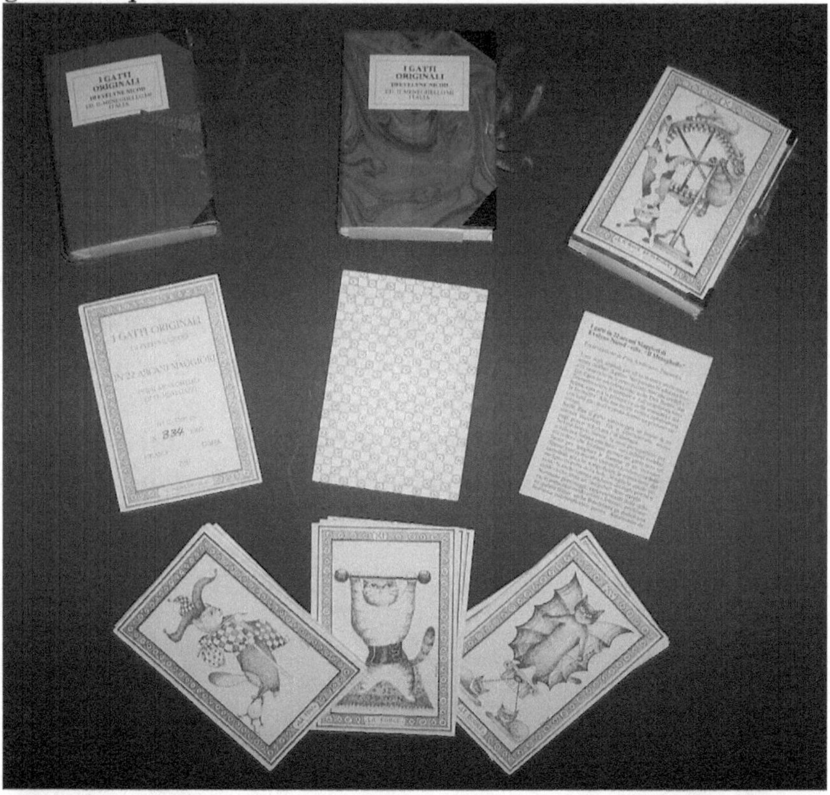

1985
22 GATTI IN 22 ARCANI ed. di 1500 es. di E. NICOD - incisione B/N

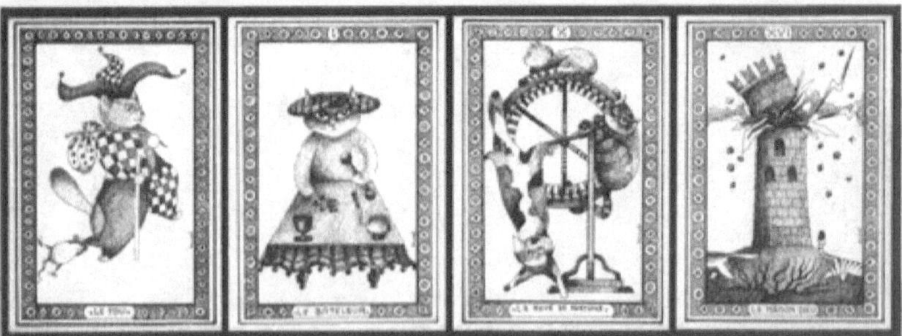

Tarot of the Cats. (I Gatti Originali) Evelyne Nicod, Il Meneghello, 1985

Pubblicato nell'enciclopedia dei tarocchi di Kaplan, che riporta solo 16 delle 22 immagini. Titolo "Tarot of the Cats", autore Evelyne Nicod, Evelyne con "e" finale, come giusto.

Il mazzo veniva confezionato in uno scatolino chiuso con nastrino e conteneva una descrizione in diverse lingue.

Segue la descrizione in Inglese tradotta a suo tempo da Evelyne Nicod.

Tarot of the cats

Cats in 22 Major Arcana by Evelyne Nicod

Introduction by Pina Andronico Tosonotti

The cat is certainly one of the most fascinating and mysterious animals that has ever been. In the past. he has heen worshipped and venerated until finally he was perse**Tarot of the cat**cuted and at last treated with cruelty.

The Egyptian Goddess Bastet, femmine body and feline face, was for the Egyptians his representative. Half a woman, half a cat, she was the protector of sexuality and fecondity. When a cat died, he was embalmed with great honours and buried in a precious sarcophagus.

In the Zen discipline, the cat is a symbol of superior level of conscience. In our days he is still well known for his magic power of giving good or bad luck.

Yet in the Middie Ages he was ferociousiy persecuted, he was Satan the Devil personified, with all his evil influences, and it was believed that by throwing a black cat into a burning fire the flames would be extinguished. He has often been buried alive in the walls of the basements of Gothic cathedralls, signifing by this a repression of the evil to save the faith. In this period he was always the chosen victim for the stake,being believed, to be possessed by witches. Many famous artists, painters, writers, poets, were devoted to their little feline. Baudelaire dedicated to him a beautiful poem. Beloved by wizards, astrologists, sensiti ves, he is, it is said, the owner of a very deep extra sensorial perception. His

magnetism is well known, he represents magic in all its
aspects. Through his deep impenetrabue look, one can
imagine a universe unknown to the human being, in which
he is the absolute king; uneasy, darkiy ambiguous, agile,
provocative, he needs no common language. The
modulations of his voice come from an inner occult message
not to be understood by many. His personality is manifold
like that of the idols whom he represented in the past. As a
combination of the mysterious cat and the esotheric symbois
of the 22 Major Arcana, the painter Evelyne Nicod has
maliciousiy tried to follow, lightly, with an accurate graphic
sign, the way through the ages of this little divinity. The
story of the 22 Arcana goes further than the mystery of the
theme, confining with poetry, eliminating the dra matic
feeling of fatality that usually occurs between the
Consultant and the Arcana, fixing static images and a world
of fairy tale which are a great part of the dream world of
childhood.

Les Chats d'Evelyne Nicod

Designer(s), Artist(s): Evelyne Nicod
Country of Publication Italy
Number of Cards: 22
Publication Year: 1985, 1991
Publication Status: Two limited editions of
1,500 copies (1985) and 1,000 copies (1991)
Reference Encyclopedia of Tarot, vol. III, pp. 137, 138.
Description: Whimsical set of 22 cat-themed tarot cards.
Published in a limited edition of 1,500 in 1985, and
republished in 1991 in a limited edition of 1,000.
 Both editions were published in Italy,
although all deck text is in French.
22 cards in cardboard slipcover with side-ribbon tie.

Tarot Garden Inventory Class: Boutique / SOLD OUT

1985 Raro foglio di stampa non tagliato, con le immagini
precedenti, 330 x 690 mm, ne sono stati commercializzati
pochissimi. Ne viene qui sopra illustrato il lato inferiore
sinistro, dove si può vedere la carta giustificativa in rosso
della prima edizione regolare.

1985 - 1989 Seguono riedizioni non autorizzate delle
precedenti, stesse immagini, in quantità ignota, riconoscibili
per la carta di giustificazione nera.

1985 Serie di 22 cartoline in quadricromia, formato 105 x
148 mm, edizioni Publicards, serie unica di 3.000 esemplari

Una delle cartoline, L'empereur:

A completamento di questa serie di cartoline esistono due immagini, della copertina e retro del mazzo, mai pubblicate, ma impiegate come depliant d'artista, e così circolate. In basso, la copertina.

N. 202

163 MAC ORLAN, P. **Port d'eaux-mortes.** Récit orné de huit lithographies originales de Georges Grosz. Paris, Au Sans Pareil, 1926, 8°, pp. (10)-86, con 8 graffianti litografie originali di Grosz a piena pg. f.t., br., cartella e cust. cart. di protezione in carta francese e titoli in oro su tassello in p. al d. Ediz. num. di 1.220 ess. su carta speciale (vedi riproduz.).   L. 950.000

164 MANZONI, A. **I promessi sposi.** Con proemio di M. Scherillo e illustrazioni di G.B. GALIZZI. Bergamo, s.d. (1927), 4°, pp. XXIV-396, con 50 tavv. (di cui 34 a coll.) f.t. protette da velina e numerose altre ill. n.t. di Galizzi, tutta t. edit. con belle impressioni in oro al piatto.   L. 220.000

165 MORAVIA, A. **Agostino.** Romanzo. Con due litografie f.t. di Renato Guttuso. Roma, Documento Ed./Milano, Bompiani, 1944, 8°, pp. (8)-100, con 2 litografie originali f.t. di Guttuso, numerate e firmate dall'A. (le pietre sono state biffate dopo la stampa), mz. t. edit., fregio al piatto inciso su zinco da Bartolini, qualche fioritura dovuta al tipo di carta.   L. 1.300.000

166 NICOD, E. **Les tarots du chat.** Les 22 arcanes majeurs. Eaux fortes. MI, 1985, 16°, 24 carte. Raccolta di 22 acqueforti originali di E. Nicod di soli 50 ess. numm. su carta a mano con veline. Curioso mazzo di tarocchi sul tema del gatto racchiuso in cartella con 2 acqueforti ai piatti, nastrini di chiusura (vedi riproduz.).   L. 800.000

22

N. 166

N. 177

uno dei più interessanti esempi di arte moderna della fine degli anni '60 (vedi riproduz.).   L. 3.750.000

180 (Mardersteig) SOFOCLE. **Edipo Re.** Versione italiana di Manara Valgimigli. Acquaforti di Manzù. Verona, Officina Bodoni, 1968, in folio, pp. (8)-104 a fogli sciolti, con 7 significative acqueforti origg. di Manzù a piena pg. n.t. al solo rec-

1985 Serie di 22 tarocchi in acquaforte originale, stampati su carta a mano, con copertina e retro, per un totale di 24 incisioni.

Edizione di 50 serie, numerate e firmate

Menzionato sul catalogo n. 1 1990 della Libreria Antiquaria Tomasetig, al n. 166, con illustrazione della copertina, prezzo allora 800.000 lire.

NICOD, E. **Les tarots du chat.** Les 22 arcanes majeurs. Eaux fortes, MI 1985, 16 mo, 24 carte. Raccolta di 22 acqueforti originali ...

1991 2a edizione in formato maggiorato corrispondente alle dimensioni dei disegni originali, 80 x 120 mm, editore Gatteria ®, in 1.000 copie numerate **e firmate**. Notate il **titolo diverso Les tarots du chat**.

Studio d'Arte E. NICOD Incisore
Via Mattei, 13   I-20126 MILANO Italy   Tel / Fax + 39 (0)2 2574002   E-mail: gatteria@iol.it   P. IVA 11118620159

1991 Poster delle immagini precedenti, 500 x 700 mm, in
due formati, uno su carta pesante con il dorso delle carte in
blu sul retro, in qualche decina di esemplari, uno in
cartoncino normale in 500 esemplari.

1992 Edizione apocrifa non autorizzata, pubblicata in
USA su Cat Collectors a nome Evelyn Nicod (senza la "e")
ma in realtà di altri, con nomi degli arcani in Italiano, ed
altre discrepanze. Ovviamente nelle carte NON è presente la
riproduzione della firma "enicod"

CAT COLLECTORS

MINIATURE WORKS OF ART

Evelyn Nicod has prepared a series of 22 black and white drawings depicting cats in traditional Major Arcana scenes with French card titles. The cards measure 2" X 2-15/16". The decks are numbered, and the total edition is limited to 2000 sets of which 500 are available in the USA. Published by Osvaldo Menegazzi. Packaged in book cover box with marbleized paper and tie ribbons.

The deck is priced at $20 + $3 s/h from U.S. Games Systems, Inc., 179 Ludlow St., Stamford, CT. 06902.

*CAT COLLECTORS advises collectors that these cards are exquisite and have aesthetic value today and because of the small edition will have monetary value in the future.

Un estratto della recensione di Paula Gibby nel 2001 per Tarot Passage, della sola prima parte dove descrive l'incongruenza dei falsi mazzi in circolazione da parte di US Games, ancora adesso impropriamente a nome di Evelyne Nicod, in realtà di autore anonimo. Nel resto della recensione, non riprodotto, commenta con arguzia.molte delle carte originali.

La migliore recensione ricevuta, mi permetto di riprodurla per far comprendere l'errore nel quale sono caduti e ancora cadono in molti.

I Gatti Originali in 22 Arcani Maggiori by Evelyne Nicod
Review by Paula Gibby

I have been intermittently researching this deck for the past few years and, until just recently, it had always been rather a puzzle...

... a schoolteacher's advice given to me quite a few years ago: "Sometimes, Paula, the most obvious answer is the correct one."

OK, here's the puzzle. Back when I first received my set of the Kaplan encyclopedias, my eyes were immediately drawn to a whimsical little set of majors called the "I Gatti Originali". They were attributed to the artistry of Evelyn Nicod (no "e" on the first name in the Kaplan volume) and published by Il Meneghello of Italy in 1985.

... I checked my U.S. Games catalog, which back then was one of my few sources for decks. Imagine my delight when I located the "I Gatti Originali" by Evelyn Nicod in the catalog.

... Although there were only a couple of images in the catalog, I could immediately tell that these were not the beloved images displayed in the Kaplan encyclopedia. How could this be explained? Both sources were from Kaplan, but **these were definitely two different decks.**

… I called U.S. Games and was assured that the I Gatti deck in the catalog was indeed the work of Nicod. Hmmm.

… The images in the catalog – while very well done – seemed so staid in comparison.

… From people who owned the I Gatti distributed by U.S. Games, the question was always the same: Why was there no mention of Nicod on that deck? Why did the deck say the artist was Menegazzi (owner of the Il Meneghello publishing house)?

… no one brought up the fact that the sets of images were completely different.

… at Wicce's excellent site. Gina brought forward the same issue…the discrepancy in artist.

… I purchased the I Gatti distributed by U.S. Games and also the I Gatti Buffi (a charming deck published by the same house) and spent some time looking at them.

… none of these images was the work of the person who created the cards in the Kaplan encyclopedia. The I Gatti I held in my hands could not possibly be an official edition of Nicod's earlier work. Besides, it clearly states that it was the work of Menegazzi (with no mention of the word "originali" on the title card).

… There was simply an error. It was now a matter of determining which source was wrong (Kaplan's encyclopedia or the U.S. Games catalog).

… While scanning quickly through the eBay auctions, I noticed there were a lot of "I Gatti" listings.

… believe it or not, there it was. The "I Gatti Originali" by Evelyne Nicod, complete with scans of the very same images in the Kaplan encyclopedia.

… there was that beautiful option to "Buy it Now". Which I did.

... And now that I have these charming images, I am so happy to share them with you.

... This deck ... comes carefully encased in an inner, foldover sleeve which then slides into one of those ribboned, marbled (in red & black), faux book cases. The cards, ... are black ink printed on a cream colored, unlaminated cardstock which is rather thick and lightly textured. The card backs are in a muted red in a checkerboard design of diamonds and o's. **The same red is used to print the title card, which has been hand- initialed by Ms. Nicod in blue ink** and also bears the full signature of the publisher, Menegazzi of the Il Meneghello publishing house, in black ink. The title card has been numbered by hand as well.

Il Meneghello again…and therein lies the source of the confusion, for all three I Gatti decks (I Gatti di Menegazzi, I Gatti Buffi di Menegazzi and I Gatti Originali by Nicod) were published by Il Meneghello. It is no wonder that the artist information was given incorrectly in the U.S. Games catalog. And, since U.S. Games is the American distributor for this deck, the misinformation simply replicated itself in the inventories of all the retail and wholesale stores supplied by them.

... In contrast to the petite size of the Menegazzi I Gatti, Nicod's cards are more generous in size, measuring 2 ¾ by 4 ¼ inches. ... beautiful images, each of which contains the tiny printed signature of the artist.

When compared to the more formal, static and stylized images penned by Menegazzi, Nicod's felines are alive, whimsical and full of movement; perfectly and successfully presented without the assistance of coloration. Their eyes are large, luminous and aglow with thoughts and emotions that remain inscrutable and inaccessible to our sadly insufficient human eyes. ... symbols portrayed in the images, the Nicod felines take full participatory roles in communicating the

70

meanings of each card. And with such delightful, charming and delicate sensibilities.

In the Menegazzi deck, the cats are, for the most part, character actors in the Fool's Journey. In the Nicod deck, the cats are, and make no mistake about it if you please, the stars of the show.

HISTORY OF THIS DECK

This English translation will show only the text, for the images please refer to preceeding pages

Les Tarots du chat, cat tarots (I gatti originali) by Evelyne Nicod

If in doubt identifying the deck, the cards titles should be in French, not in Italian

The best description and analysis of the cards to be found in the above review by Paola Gibby, with explanation of the error in identification of U.S. Games catalog.

Tarots are used since Middle Age both as Fortune Telling cards and for playing, as still now in France, where competitions are frequently held.

A complete deck consists of 78 cards, that is 52 standard cards, 4 "horses" and 22 illustraded cards, named Major Arcana.
Since 1985 we have created and produced the following series, (all comprising the 22 Major Arcana, cover and back):

1985, B/W deck, dimension 74 x 110 mm, **title: I gatti originali di Evelyne Nicod**, ed. Il Meneghello, numbered edition of 1.500 copies, the **first card, giving details about the edition, being red.** Cardboard cover, red at the beginning, green next. Back of cards is red. The signature "enicod" is printed near the right border of each card. **Names of Arcana are in French.**

Above picture is showing 3 diffent posssible covers, red edition card, red back, review in Italian by Pina Tosonotti, and some card.

1986 original catalogue and catalogue cover.
Presentation comments by Pina Tosonotti in English.
Published in Kaplan Tarots encyclopedia, which shows only
16 out of the 22 images.

1985 Rare printed sheet, uncut, with above images, 330 x
690 mm, only very few were sold. We are showing above the
bottom left corner, where the "Edition card" of the first
original edition, printed red, can be seen.

1985 - 1989 Not authorised reprints, quantity unknown:
can be identified by the colour of the "Edition Card" which is
black in this case.

1985 Series of 22 colour printed postcards, size 105 x 148
mm, ediz. Publicards, first and only edition of 3.000.
l'empereur
To complete this series, there are two illustrations, of cover
and back of the deck, which were never published; they were
used instead as "depliant".

1985 Series of 22 Major Arcana original etchings, printed
on hand made paper, with cover and back (total 24
etchings).

Limited edition of 50, numbered and signed.
They are shown on catalogue n. 1 1990 published by Antique
book dealer Libreria Antiquaria Tomasetig, displaying image
of cover (price at that time, thirty years ago, was exceeding
400 Euro, multiply by ten) at n. 166, as:

"NICOD, E. **Les tarots du chat.** Les 22 arcanes majeurs.
Eaux fortes, MI 1985, 16 mo, 24 carte. Raccolta di 22
acqueforti originali ...".

1991 2nd edition in larger size corresponding to the size of
original drawings, 80 x 120 mm, edit. Gatteria ®, in 1.000
numbered copies. **Title is "Les Tarots du chat". Names of
Arcana are in French.** This edition is out of print, and it will
not be reprinted.

It was found in the shops selling Gatteria ® products, or in Internet.

1991 Poster of above images, 500 x 700 mm, in two versions, one on heavy paper with the back of the cards printed in blue on the back, in a few dozens of copies, another on standard paper in 500 copies.

1992 Apocryphal edition not authorised, by the name of Evelyn Nicod (without an "e") but actually pertaining to some unknown person. Names of Arcana are in Italian, NO signature "enicod" printed on every card, and I leave it to you the judgement about the drawings.

Adam McLean's Study Course on the artwork and symbolism of modern tarot

Lesson 8 : Cat themed decks

I feel sure most tarot people also have a cat. So it will come as almost no surprise at all that a number of cat tarots have emerged to unite both these interests. My own collection currently has fourteen cat themed tarots, and there are a few others still to collect.

1985 Les Chats d'Evelyne Nicod

1985 Tarot of the Cat People

1990 Gatti Originali Tarot - Menegazzi

1990 22 Arcani 'i Gatti Buffi - Menegazzi

1990 Japan Cat Tarot

1993 Tarot du Chat - Sedillot

1996 Tarot Cards for Cats - Regen Dennis and Kipling West

1997 Taiwan - Cat's Tarot

1997 Japanese - Cat's World Tarot

2000 Cat's House Tarot (a.k.a. Neko's House Tarot

Let us first look at the earliest cat tarot which seems to have appeared in 1985. To say that Evelyne Nicod is totally obsessed with cats is no overstatement. This French artist now living in Italy has produced a great number of etchings and coloured prints mostly on cat themes. Her designs for her major arcana tarotìwere published by the Italian card publisher Meneghello in a limitededition of 1500, which must have been quite popular as it was later reissued in a further edition of 1000. Her cats often seem to engage the viewer with an almost defiant gaze.

There are a number of web sites devoted to her work, details will be found in the lesson notes.

Les Chats d'Evelyne Nicod

From Tarotpedia

Description

Les Chats d'Evelyne Nicod is a playful, black and white, cat themed trumponly Tarot, that also goes by the name of "Les Tarots du Chat". Although it was printed in Italy, the titles are in French.

Creator: Nicod, Evelyne

Date of Publication

1985: limited edition of 1500 decks

1991: limited edition of 1000 decks

Publisher

Edizioni GATTERIA

Deck creation and/or publication process

Deck was created in 1985, published by Osvaldo Menegazzi with title page in red, and referenced in Kaplan Encyclopedia. Republished in 1991, edition Gatteria, in a larger size, corresponding to the size of original drawings and a different back and cover. No further edition is envisaged. Beside this b/w version, a set of colour postcards were published in 1985, and a set of original etchings in the same period.

http://www.tarotpedia.com/wiki/Les_Chats_d'Evelyne_Nico d 08/04/2012

Creator's comments: Titles of cards are in French as, although living and publishing in Italy, my origin is French. Please note that inFrance Tarots game is still played.

Creator's website: www.gatteria.it

Reviews: A complete review to be seen on http://www.tarotpassages.com/gattiopg.htm , where other cards can beviewed.

This page was last modified 02:44, 16 January 2009.

Le Tarot des chats

Le chat dan le 22 Arcanes Majeurs
par Evelyne Nicod

Le chat est sans nul doute doté d'un "Charisme" impressionat, fascinant et mysterieux, l'histoire nous révèle un passé fait, d'une part d'adoration porté à la veneration, d'autre part, de persécution poussée au paroxisme de la cruauté.

Les Egyptiens le divinisèrent en la Déesse Bastet, au corps sinueux de femme et au visage représenté par une enigmatique tête feline; elle était la protectrice de la sexualité et de la fécondité.

À sa mort, le chat était embaumé avec tous les honneurs et déposé dans en précieux sarcophage. Dans la discipline Zen, le chat symbolise un niveau de conscience supérieure. Onlui attribut encore aujourd'hui des pouvoirs magiques de chance ou de malheur.

Au. Moyen Age tout changea et il fut incoyablement persecuté. Personnifiant Satan et toute ses influences maléfiques, la croyance voulait qu'il suffit de jeter un chat noir sur le feu pour éteindre les flammes d'un incendie.

Il fut souvent muré vivant dans les fondations des cathédrales gothiques, signifiant ainsi la répression du mal par rapport à la foi. Toujours à cette époque il fut la victime désignée des bûchers car considéeré sous l'emprise des sorcières.

De personnages célebres, en particulier des Arts et des Lettres, eurent une prédilectionpour ce petit félin,Baudelaire lui dédia une merveilleuse et inoubliable poésie. Très aimé des astrologues, voyants, sensitifs, il est, parait-il,porteur d'une profonde perception extrasensorielle. Son magnétisme est indiscutable, il représente la magie sous tous ses aspects. À travers son regard impénétrable,il laisse deviner un univers méconnu à l'homme, mais dans lequel, lui,le chat, est le Seigneur Absolu.

Inquiétant, d'une ténébreuse ambiguité, agile, provocatuer, il n'a aucun besoin du langage courant; les modulations de sa voix proviennent d'un occulte message intérieur, intellegible à peu d'initiés. Sa personnalité est multiple comme celle des idoles qu'il représenta dans le passé.

Comme il se font naturellement avec les symboles ésothériques des 22 Arcanes Majeurs, le peintre Evelyne Nicod a malicieusement cherché à parcourir délicatement, grâce à son trait graphique magistral, le chemin à travers le temps de cette petite divinité. La narration de ces 22 lames, vu au dela du mystère relatif au théme, se rattrachent à la poésie, dédamatrisant la sensation de fatalité qui encourt souvent entre le consultant et les Arcanes, ceci est certainement dû à la clarité des ces images statiques faites de meveilleux qui font encore partie du monde onirique de l'enfance.

POSTFAZIONE
Autore

Evelyne Nicod è pittrice, illustratrice, incisore d'acqueforti.

Il suo sito: www.gatteria.it

http://www.facebook.com/gatteria

info@gatteria.it

Bene, se avete avuto la costanza di arrivare in fondo, e pensate che questo libro vi abbia fatto trascorrere un po' di tempo lontano dai problemi quotidiani, potete lasciare una recensione sul sito che sia di aiuto nella scelta ai visitatori. Abbiamo bisogno dei vostri feedback per migliorare la prossima versione.

EVELYNE NICOD
note per una biografia

Pubblicato integralmente su EX LIBRIS, n. 17-18, Luglio-
Novembre 1991, pag 281-283
 Autore dei testi: Rodolfo Pardi
 Autore delle immagini: Evelyne Nicod
 Tutti i diritti riservati

" Perché incide solo gatti?" Questa domanda è la più usuale di quelle rivolte a Evelyne Nicod, e tra le varie ragioni, perché non ce n'è mai una soltanto, quella più centrata e plausibile è la seguente, che caratterizza la biografia di Bichet, incisore francese di paesaggi, liberamente interpretata:

Lo sguardo del pittore sulla realtà è la sorgente elementare della sua emozione e della sua inspirazione. Da ciò nascono tutte le strade della pittura. Dalla fedeltà scrupolosa all'apparenza delle cose fino all'astrazione totale, tutto è possibile, tutto è permesso, e se, nel mondo delle forme, tutte queste vie sono ugualmente affascinanti, il pittore sa che è vano disperdersi e che può seguire un solo solco. Chi potrebbe dire le ragioni profonde che conducono a una via piuttosto che a un'altra?

Come complemento di quanto sopra c'è il fatto che nell'evoluzione di una vita, gli interessi e gli stimoli cambiano, con un andamento mai scontato, ed una progressione che tiene conto di ciò che comunemente ricade nel concetto di esperienza.

E ben possono essere considerati una vita i quasi 50 anni di Evelyne Nicod, vita dedicata all'arte nelle sue diverse espressioni. E, sia detto onestamente, c'è sempre una sorta di casualità, legata a un momento particolare, nel fatto che in un determinato momento, ci si spinga con determinazione in una attività fino a quel momento solo sfiorata o vagamente immaginata.

E con una sequenza tipica dell'introduzione alla faticosa arte dell'incisione anche nel caso di Evelyne Nicod, questa passione per una tecnica che data da almeno 5000 anni, è cominciata quando un incisore ancora attivo nell'acquaforte, Guido De Rossi, le ha consegnato una lastra di rame protetta da vernice e una punta ammanicata, dicendo: prova.

Mentre molti dopo un primo tentativo, cedono le armi e buttano la punta, Evelyne Nicod si è appassionata, ed in questo momento, dopo 12 anni di lavoro e più di 200 lastre incise, acidate e stampate personalmente, si può considerare situata tra i pochi seri professionisti e protagonisti di questa specializzazione.

Professionalmente per il mestiere acquisito nella tecnica, e artista per la creatività, in questo momento umoristica, della sua produzione.

L'incisione diretta sulla lastra, partendo al massimo da uno schizzo grossolano, risulta in una freschezza eccezionale non smorzata dall'avere in precedenza sviluppato a fondo una scena, e ciò è possibile grazie alla fermezza di mano ed alla fantasia, che evitano tediose correzioni sovente di risultato mediocre.

Perché solo gatti? La risposta più vera è, perché non creano angoscia.

Nei vari tipi di approccio di un artista al problema economico, quello scelto da Evelyne Nicod è stato quello principalmente del contatto diretto con il fruitore dell'opera, nel caso di mostre o della vendita nel suo studio "gatteria".

Il contatto con il visitatore, con un discorso che ruota intorno al significato dell'immagine, può essere deviato nella direzione preferita nel caso in cui l'immagine abbia contorni relativi a soggetti reali, e il tipico visitatore vede solo un gatto ed ha quindi un approccio senza aggressività o angosce.

In realtà il gatto è contornato da un mondo di ambienti e di oggetti che fanno apparentemente da contorno, ma si integrano in realtà in una scena globale.

I significati, gli agganci alla vita erano molto più evidenti nel precedente periodo di dipinti a china colorata, nei quali chi faceva da protagonista erano alberi, solitamente spogli, con un mondo sotterraneo di radici, abitato da topolini e insetti, mentre la superficie era il regno del gufo.

Anche questa tecnica, sviluppata quasi fino all'ossessione, dava la predominanza al segno, integrato da colori di china, trasparenti o coprenti, che non perdonano l'errore: applicata su una tela a trama finissima, consente un segno pulito, senza inciampi dati dalla trama, e quindi tutti i dettagli desiderati.

Nel periodo ancora precedente, predominavano gli oli su carta di nudi stilizzati, con una ricerca esasperata di innumerevoli sfumature di grigio: risultato di una istruzione all'Accademia di Belle Arti, quando questa ancora preparava a una carriera di artista con un concreto, adeguato allenamento alle tecniche manuali, invece di indirizzare come adesso a diventare semplicemente un critico d'arte.

Gli intensi studi di nudo, il lavoro quotidiano legato alla comprensione delle opere di Duchamp, hanno dato quella base di conoscenza e di abilità nel maneggio del segno, della forma e del colore, che ha sostenuto le attività affrontate di seguito

La frequentazione dell'Accademia di belle Arti di Besançon, ha permesso mediante una severa pratica multidisciplinare di sgrossare le ingenuità della gioventù, affinare il gusto, conoscere il passato ed acquisire la necessaria abilità delle mani a dare forma e contorni a ciò che immagina la testa.

In seguito la frequenza alla Scuola di Arti Applicate a Vevey in Svizzera, ha perfezionato gli aspetti grafici, la precisione e l'attitudine al lavoro serio del professionista.

L'avere frequentato la S.Martin School of Art di Londra ha consentito di conoscere mondi e tradizioni diverse, e quella di Brera a Milano di entrare a conoscenza delle basi della critica d'arte in Italia.

Dopo avere sviluppato nel senso di quanto appreso di accademico e tradizionale, le sue opere assumono contorni innaturali e fiabeschi, pur sempre riconducibili ad immagini con presenza di alberi, animali, e raramente il personaggio uomo.

Mondi incantati, in parte con significati positivi, in parte negativi, con tonalità sempre tendenzialmente monocromatiche e con il segno che la fa da padrone.

A causa della tecnica laboriosa che obbliga a tempi di realizzazione che per le opere più grandi supera il mese, difficilmente le dimensioni delle sue creazioni hanno superato i 50 x 70 cm.

La partecipazione a concorsi e mostre le ha consentito progressivamente di confrontarsi con il pubblico e di riflettere sulla propria evoluzione.

In questo momento il centro dell'attività è l'incisione all'acquaforte, su lastra di zinco, con più morsure lente che aiutano a realizzare i diversi piani, con zone incrociate a realizzare neri pieni non scoppiati, con zone di tratto sottilissimo, che limitano automaticamente la tiratura prima che scompaiano: il tutto utilizzando solo una vecchia puntina da 78 giri, e lasciando inutilizzati nella loro scatola delle serie di attrezzi appuntiti di impiego specifico. Il colore viene dato a poupee, con mescole opportune, pulizia con garze, velature. Fogli unici di carta a mano, derivanti dall'acquisizione di un campionario di uno stampatore alla fine dell'attività, contribuiscono a dare un'apparenza unica alle sue opere.

Da qualche anno realizza anche soggetti su commissione, biglietti da visita, biglietti di auguri, ex-libris, sempre con tema il gatto, ha realizzato tre serie di tarocchi con il gatto come protagonista, rispettando i simbolismi, ed un mazzo di carte tradizionali; un teatrino; sagome a tempera; segnalibri; calendari.

Una grossa spinta ad una attività febbrile è data dal fatto che il laboratorio e i torchi sono nello scantinato della sua abitazione rendendo facile ed immediata la sperimentazione, così come la casa immersa negli olivi in un paese praticamente disabitato nei mesi invernali lascia ampio spazio al lavoro.

Esistono comunque due attori principali, che fanno da protagonisti, una matura gatta di 9 anni che risponde al fischio, ed una giovane cacciatrice dal viso a maschera: oltre al contributo dei visitatori della galleria che raccontano le loro esperienze o invenzioni, come quella del gatto che riceve una pensione, o la ragazza che fa le fusa con la trachea, o del circo di gatti sulle spiagge della California, o la gatta Mosè salvata dalla pioggia.

Tutto ciò offre spunti continui, con idee di situazioni e soggetti, e sembra che il tempo non sia mai sufficiente per tutti i progetti, in particolare per quelli di più ampio respiro.

Illustrano il presente articolo delle opere recenti eseguite all'acquaforte, in particolare un biglietto da visita, un ex-libris e un biglietto augurale.

Nota del 2014: immaginatevi quanto creato nei successivi vent'anni!

Recensione su Cat Collectors 1992

CATS CATS CATS

I had a marvelous grandmother; she loved flowers, plants, animals and especially cats. I was very fond of her. I grew up caring for many of the things dear to her heart.

My husband and I, too, are dedicated cat fans. We live with two tabby cats on Lake Garda in a charming old, old village. We used to live in Milano (population 2 million) and when we arrived here my cat "Ciccia" (fatty!) discovered grass, trees, a big garden and a large house. At that time, she was six years old and had become adapted to a small urban flat. So, for a month she hid under the bed. When her curiosity overcame her fear, she came out from hiding. She soon adored her new home — delighting in the smell of the fresh morning dew and in chasing the poor little birds (which I didn't enjoy at all).

About 10 years ago I began to draw only cats. I sketched a lot of funny situations where cats were great stars. It was just a game, but I began to enjoy the subject more and more and finally settled on doing just cats.

Tarots: 22 major arcana, limited edition of 1200.

My two felines, Ciccia (now 10 years old), and Gherson (4 months) are fun to watch and they inspire me. Ciccia hates the intruder Gherson and believes we are horrible to stand this little monster. Gherson doesn't care at all and loves us. He is very lively and sweet (for the moment, as he is quick to learn). One thing, it is never boring living with them. It is something different all the time, except for the food ceremony, which is three times a day and they pretend full attention. I mean really full!

COMMERCIAL SALES

Apart from the purely artistic activity, I also produce and sell to private clients and to shops for resale a line of stationery articles such as calendars, poster, tarots, silkscreened T-shirts, bookplates, bookmarks, etc.

For more information and to obtain a catalogue write Evelyne at:

Gatteria di Evelyne Nicod
Vicolo Volta 14
37010 Torri del Benaco (VR)
Italy

T-shirt, silkscreened in black

87

Copyright

Questo volume è stato impresso nel marzo 2020 da Amazon